Note aux parents

Ce livre contient des idées originales pour aider les enfants qui sont confinés à la maison à passer des journées malgré tout agréables. On y trouve des jeux, des jouets à fabriquer soi-même, des contes et des poèmes, et plusieurs projets de bricolage.

La plupart du matériel nécessaire pour mener ces projets à bien est facile à trouver: tubes en carton, boîtes de chaussures ou de céréales, vieux magazines, assiettes en carton, et ainsi de suite. Le peu de matériel qu'il vous faudra acheter se vend à bas prix.

Les enfants d'âge préscolaire auront besoin d'aide pour compléter les projets qui nécessitent l'emploi de ciseaux ou un minimum de cuisson. Jiminy sera là pour vous prévenir chaque fois que l'activité suggérée requerra votre intervention. Les enfants plus âgés pourront réaliser seuls la totalité des projets.

Si ce livre ne contient pas de cure miracle pour les blessures, le rhume, la grippe, la rougeole, etc., il aidera quand même les jeunes patients à passer au travers avec le sourire.

Atchoum !

Quoi faire quand
on est malade

 Livre-Loisirs Ltée, Montréal

Une grave épidémie de points verts

Un froid matin d'hiver, Riri, Fifi et Loulou se réveillent avec une drôle de sensation. Ils ont les yeux qui coulent, les narines bouchées et frissonnent alors qu'il fait chaud. Ils ont le corps couvert de petits points rouges.

«Je ne me sens pas bien», dit Riri. «Moi non plus», ajoute Fifi.

«Vous savez ce que ça veut dire?», demande Loulou. «Eh bien, nous n'irons pas à l'école aujourd'hui!» Au même moment, Grand-Mère Donald entre dans la chambre.

«Ça alors!», s'exclame-t-elle. «Voilà bien les plus beaux cas de rougeole que j'ai vus depuis longtemps.» Et elle ajoute, en hochant la tête: «Il va falloir que vous restiez à la maison.»

Loulou, ennuyé de ne pouvoir sortir, demande: «Êtes-vous sûre qu'il n'existe pas de remède très, très efficace?»

«Hélas, non!», répond Grand-Mère. «Vous devrez prendre votre mal en patience. Cela me rappelle l'histoire du docteur Javale et de la mystérieuse épidémie de points verts.»

Oubliant un peu leurs yeux fiévreux et leurs narines bouchées, Riri, Fifi et Loulou s'installent pour écouter l'histoire.

Cela se passait un beau jour de printemps. La neige avait fondu, le vent était moins froid et le soleil se faisait plus chaud. Les enfants chantaient et sifflaient en se rendant à l'école. Ils pouvaient enfin passer leurs récréations à l'extérieur.

Soudain, la maîtresse fait sonner la grosse cloche qui annonce le début des classes. Les enfants, obéissants, entrent en classe comme d'habitude. Cependant, ils ne peuvent s'empêcher de penser au beau temps. L'hiver, il fait bon être au chaud, mais au printemps, quand les fleurs sortent dans les champs et que les arbres retrouvent leurs feuilles, comme il est agréable de jouer dehors!

C'est pourquoi, chaque fois que sonne l'heure de la récréation, tout le monde s'en donne à coeur joie. «Hé!», crie un raton laveur. «Venez un peu par ici.» En moins de deux, tout le monde est réuni. Il est vrai qu'Antonin, le raton laveur, a souvent de bien bonnes idées.

Alors qu'il explique tout bas son plan, des sourires se dessinent. Benny, le petit ourson, se frotte même les pattes de joie! Puis, tout à coup, les enfants disparaissent. Ils courent jusqu'au bois voisin.

La récréation se termine. La maîtresse fait sonner la cloche. Comme personne ne vient, elle décide d'aller chercher les enfants. Au moment où elle arrive dans la cour, Antonin sort du bois. Le petit raton laveur a l'air malade. Il a le visage et les pattes recouverts de petits points verts. Les autres enfants arrivent à leur tour. Ils prennent place à leurs pupitres et au bout d'un moment, la classe est remplie... d'écoliers couverts de points verts. «Quelle curieuse maladie!», pense la maîtresse.

«Espèces de galopins!», dit-elle, furieuse que les enfants soient allés dans le bois.

«Nous ne nous sentons pas bien», dit une voix timide dans le coin. «Nous ferions peut-être bien d'aller à la maison», ajoute Antonin.

«Vous n'irez nulle part tant que le docteur Javale ne vous aura pas examinés», coupe la maîtresse. Aïe! Tout ne se passe pas comme Antonin l'a prévu...

La maîtresse téléphone donc au docteur, qui prend la chose au sérieux: «J'arrive tout de suite», répond-il.

Les enfants n'ont pas à attendre longtemps. Quelques minutes plus tard, le vieux docteur fait son entrée. Pas un élève n'ose bouger. En allant d'un enfant à l'autre, le docteur prend le pouls et la température. «Hum!», fait-il. «Très intéressant.»

Antonin tire un peu trop rapidement ses conclusions: «Il ne nous reste plus qu'à prendre du repos, de l'air et du soleil, n'est-ce pas, docteur?», dit-il.

«Pas du tout», proteste le docteur. «Vous avez attrapé une maladie rare, pour laquelle je ne connais qu'un seul remède efficace.»

Sans ajouter un mot, il sort un grand bol de sa trousse, puis plusieurs pots et bouteilles de tous les formats. Il mélange lentement les ingrédients, sous le regard inquiet des enfants.

La préparation se met soudain à bouillir toute seule. Elle devient orange, puis rouge et violette. La réaction s'arrête et la mixture est prête. C'est une sorte de boue épaisse, de couleur foncée.

«Ça y est!», dit le docteur. «Ça y est?», répètent les enfants plus inquiets encore.

«Vous vous couvrirez le corps de cette préparation trois fois par jour et éviterez d'aller au soleil pendant au moins une semaine», explique-t-il.

Dans la salle, il y a un grand soupir de découragement. Surprenant tout le monde, Antonin s'écrit: «J'ai soif!», et sans attendre la permission, il court à la pompe. Là, il se lave le visage et les mains à grande eau afin de faire

disparaître les points verts. Fier de lui, il revient ensuite en classe.

«Antonin n'a plus de points verts», crie quelqu'un en l'apercevant.

Les enfants réalisent vite ce qui s'est passé. Tous ensemble, ils demandent la permission d'aller boire. On n'a jamais vu les enfants se laver avec autant d'entrain. C'est à qui passera le premier. Au bout d'un moment, tout le monde est de retour en classe. Plus personne n'est malade.

«Quelle guérison miraculeuse», remarque la maîtresse en fronçant les sourcils.

«En effet! En effet!», ajoute le docteur. «Comme je vous l'ai dit, je ne connais qu'un seul remède efficace.» Et mi-riant, mi-sérieux, il salue les enfants et rentre chez lui en sifflant gaiement, profitant du soleil printanier.

«Les enfants n'ont pas été malades bien longtemps», dit Riri. «Oui, et vous serez vous aussi rapidement sur pied avec un remède de ma préparation», ajoute Grand-Mère en bordant les trois enfants. «Je vais de ce pas vous préparer quelques tartines de confiture aux fraises.»

Les jeux de lit

En passant près des lits des enfants, Grand-Mère aperçoit Loulou qui regarde fixement le plafond. «Tu t'ennuies?», lui demande-t-elle.

«Oui, Grand-Mère», répond Loulou. «Il n'y a pas grand-chose à faire quand on est malade.»

Grand-Mère décide alors de le distraire. Elle fait d'abord le tour de la chambre à cloche-pied. Cela fait rire Loulou. Elle se donne ensuite des coups de talons sur les fesses en sautant. Après cela, elle vient s'asseoir sur le lit, essoufflée. «Je crois que nous allons choisir des activités un peu plus calmes», dit-elle en se frottant le dos.

«Vous avez raison», dit Loulou.

Voici les jeux amusants que Grand-Mère a proposés à Loulou.

Mal de tête et mal de ventre

Frotte-toi le ventre, d'un mouvement de main circulaire. En même temps, tape-toi sur la tête, de l'autre main. Cela a l'air facile, mais...

La danse des majeurs

Place tes mains ensemble, paume contre paume. Croise les majeurs, en gardant les autres doigts les uns contre les autres. Tourne les poignets pour que la main gauche soit en dessous et la droite, sur le dessus. Fais ensuite tourner tes mains doucement, l'une sur l'autre, jusqu'à ce qu'elles pointent dans des directions opposées. Essaie alors de faire bouger tes deux majeurs.

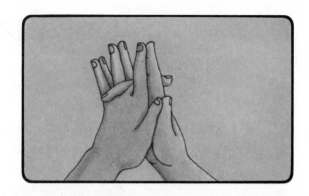

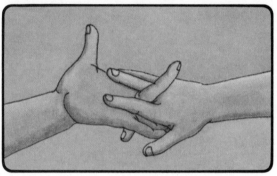

Des lunettes originales

Joins l'index et le pouce de chaque main de façon à former un cercle. Mets les pouces l'un contre l'autre pour compléter les lunettes. Pointe les autres doigts et place-les, à l'exception du pouce et de l'index, sur les côtés du menton. Ramène ensuite les lunettes devant les yeux en tournant les poignets. N'est-ce pas qu'on y voit mieux?

11

Une place confortable

Riri essaie de dessiner en s'appuyant sur son oreiller, mais il ne réussit pas aussi bien qu'il le voudrait. Il laisse tomber les crayons sur le lit en grognant.

Sa feuille est percée de plusieurs petits trous. Comme l'oreiller est mou, les crayons passent à travers le papier. Cela fait rire Fifi et Loulou.

«Ce n'est pas drôle», dit Riri. «Qu'est-ce que vous diriez à ma place?»

«Tu peux écrire sur mon dos si tu veux», suggère Fifi en sautant dans le lit de son frère.

«Ne fais pas l'idiot et retourne dans ton lit avant que Grand-Mère n'arrive», gronde Riri.

«Grand-Mère ne dira rien», fait une voix. C'est elle qui vient, justement, une boîte sous le bras.

«Qu'est-ce que vous allez faire?», demande Riri curieux.

Grand-Mère ouvre la boîte. Elle en a découpé le fond, afin que Riri puisse y passer les jambes. «Et voilà ta table à dessin.»

«Formidable!», crient ensemble Fifi et Loulou.

«Pouvons-nous en avoir une aussi?» supplient les deux frères.

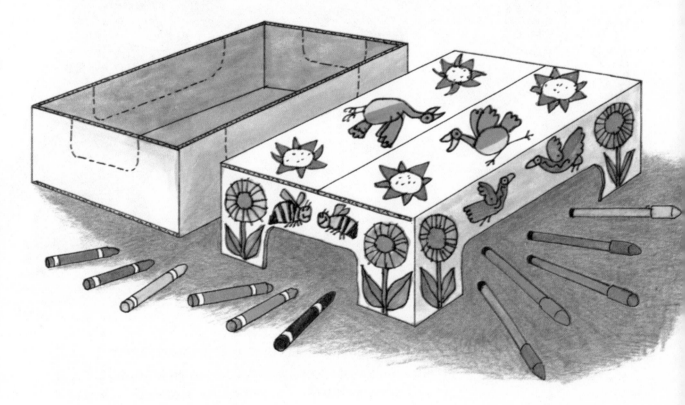

Il est facile de préparer une table à dessin identique à celle de Riri. Choisis une boîte qui ait le fond assez solide. Elle doit être assez grande pour que tu puisses passer les jambes dessous quand elle sera taillée. Enlève d'abord les quatre rabats. Taille ensuite chacun des côtés, tel qu'illustré. Pour finir, décore-la de jolis dessins.

Ta table te servira à dessiner, à lire, à écrire, à manger au lit. Si tu conserves le couvercle, tu auras même un coffre pour ranger les jouets, quand tu es malade, sans quitter ton lit.

Jiminy dit: «Demande l'aide d'un adulte pour découper la boîte.»

Les tours
de Grand-Mère

Grand-Mère attend le facteur avec impatience. C'est
aujourd'hui qu'elle doit recevoir les dernières recettes du
club des cordons-bleus. Elle ne s'est pas trompée; le facteur
apporte en effet un gros paquet qui lui est destiné.

Elle développe le colis sans attendre. En passant les
recettes une à une, elle en trouve deux qui paraissent
bizarres. Et pour cause! À la suite d'une erreur, on lui
envoie des instructions pour réaliser des tours de magie.

«J'en connais qui vont être contents», dit Grand-Mère en
pensant aux neveux.

Une vue aux rayons X

Le tour: Prétends que tu peux voir une pièce de monnaie à travers la porcelaine. Tends une tasse à l'une des personnes présentes et quitte la pièce. Pendant que tu seras parti, les gens vont choisir une pièce de monnaie pour la cacher sous la tasse. Au retour, tu sauras dire s'il s'agit d'une pièce de 1, 5, 10 ou 25 cents.

L'explication: Il te faudra un complice parmi les assistants. En plaçant l'anse de la tasse dans une direction donnée, il t'indiquera la valeur de la pièce cachée. Décidez du code que vous emploierez lorsque vous mettrez le tour au point. Dites, par exemple, que si l'anse pointe au loin, il s'agira d'une pièce de 1 cent. Ce sera une pièce de 5 cents si l'anse est à droite, de 10 cents si elle pointe vers toi et de 25 cents si elle est à gauche.

Les cartes et le chapeau

Le tour: En leur tendant un jeu de cartes complet, demande à quatre ou cinq personnes de prendre chacune une carte, sans te la montrer. Replace ensuite les cartes dans le paquet, puis place le paquet dans un chapeau (une casquette ou un bonnet font aussi l'affaire). Chaque personne nomme à tour de rôle la carte qu'elle a prise. Au fur et à mesure qu'on te le demande, tu sors la bonne carte du chapeau.

L'explication: Tu vas utiliser un trombone en prenant soin de ne pas le faire voir. Une fois que les gens ont mémorisé les cartes qu'ils ont pigées, récupère-les dans l'ordre. Identifie-les en les reliant à l'aide du trombone. Vérifie que la partie la plus courte du trombone soit sur le dessus des cartes. Place-les ensuite dans un chapeau avec le reste du paquet.

Après avoir recouvert le chapeau d'un morceau de tissu, demande à quelqu'un de le secouer afin de mélanger les cartes. Les cartes retenues par le trombone ne se mélangeront pas au reste. Ensuite, lorsque la première personne nomme sa carte, pige-la, sans découvrir le chapeau. Pour cela, il te suffit de trouver, en tâtant, le trombone et de repérer la première carte, du côté où l'attache est la plus courte. Continue ainsi jusqu'à ce que tu aies retiré toutes les cartes.

Casse-tête maison

«Faisons un concours pour voir qui complétera son casse-tête le premier», suggère Loulou.

«Non merci», répond Fifi. «J'ai fait le mien si souvent depuis que je suis malade que je le connais par coeur!»

«C'est vrai», ajoute Fifi. «Ce n'est même plus amusant quand on peut réussir les yeux fermés.»

Grand-Mère a entendu les commentaires des enfants. Pour leur faire plaisir, elle décide de fabriquer de nouveaux casse-tête. Quelques minutes suffisent pour réunir tout ce dont elle a besoin. Et elle se met au travail, prenant un grand plaisir à dessiner, à coller, à découper.

Pour le premier casse-tête, Grand-Mère utilise une feuille blanche, sur laquelle elle dessine un ourson qui tient un gros ballon. (Elle écrira le message de son choix à l'intérieur de ce ballon.) Elle colle ensuite la feuille sur un morceau de carton de même dimension, puis la découpe à la façon d'un casse-tête.

Pour les autres casse-tête, Grand-Mère découpe plusieurs images dans de vieux magazines. Elle les colle sur du carton, puis les découpe en morceaux de formes inégales. Elle a, bien sûr, choisi des photos qui ne manqueront pas de plaire aux neveux: une auto pour Riri, un chimpanzé pour Fifi et un skieur pour Loulou.

Enfin, pour permettre aux neveux de mesurer leur habileté, Grand-Mère prépare plusieurs casse-tête aux formes géométriques. Elle découpe un grand triangle dans un morceau de carton jaune, un coeur dans un carton rouge, un carré dans un carton vert et un cercle dans un carton bleu.

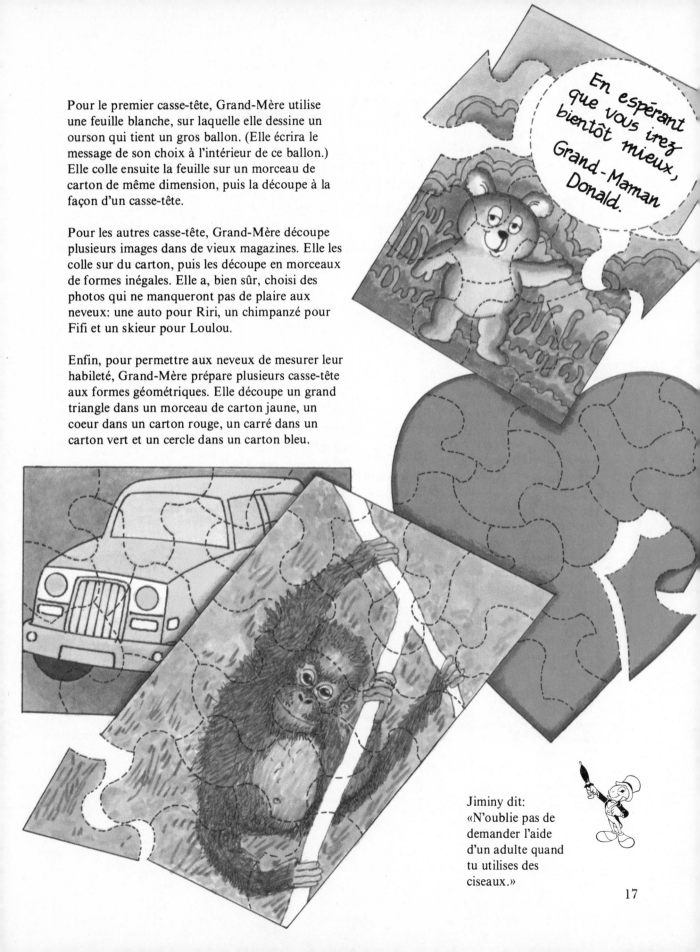

En espérant que vous irez bientôt mieux, Grand-Maman Donald.

Jiminy dit: «N'oublie pas de demander l'aide d'un adulte quand tu utilises des ciseaux.»

17

Recettes pour tous

Riri, Fifi et Loulou reniflent à longueur de journée. Il est difficile de faire autrement lorsqu'on a un gros rhume. «On se croirait au concert», leur dit Grand-Mère en riant. «Je vais vous préparer quelques potions dont je connais le secret et qui vous plairont sûrement.»

Les neveux ont confiance. Ils connaissent trop bien les talents de Grand-Mère pour s'inquiéter.

Soupe du zoo (la préférée de Loulou)

Fais chauffer du bouillon de poulet (en boîte ou instantané, peu importe). Verse quelques biscuits en forme d'animaux dans un grand bol que tu remplis ensuite de soupe chaude.

Jiminy dit: «Demande l'aide d'un adulte quand tu veux faire chauffer quelque chose sur le poêle.»

Breuvage chaud au citron (le préféré de Riri)

500 mL d'eau
250 mL de jus de
citron

50 g de miel
250 mL de soda au
gingembre

Mets tous les ingrédients dans une casserole.
Fais chauffer à feu doux en mélangeant sans
cesse. Ne fais pas bouillir. Servir et boire chaud.

Cidre chaud (le préféré de Fifi)

500 mL de cidre ou de jus de pomme
2 clous de girofle
1 bâton (ou 2 c. à café) de cannelle

Mélange tous les ingrédients dans une casserole.
Fais chauffer à feu doux en mélangeant sans
cesse. Ne fais pas bouillir. Servir et boire chaud.

Jus de raisin (le préféré de Grand-Mère)

250 mL de jus de raisin
250 mL de jus de
pomme
Une pincée de cannelle

250 mL de jus de
citron

Mets tous les ingrédients dans un pichet.
Remue jusqu'à ce que le mélange soit homogène.
Ajoute de la glace et sers bien froid.

Les soleils de rechange

Ce matin, Grand-Mère a ouvert la toile en faisant remarquer aux enfants comme le ciel était clair. «Le soleil brille aujourd'hui», dit-elle.

«Ça se voit bien», dit Riri.

«L'ennui...», ajoute Fifi que Loulou interrompt: «...c'est que nous sommes obligés de rester à la maison.»

C'est dommage qu'il n'y ait pas moyen de transporter les chambres des enfants malades au soleil. Mais Grand-Mère a de bonnes idées pour «égayer» la pièce.

Nécessaire:

Un cintre métallique
Du papier de couleur
Des ciseaux
De la ficelle ou de la corde

Jiminy te rappelle qu'il faut demander l'aide d'un adulte quand tu veux te servir des ciseaux.

1. Coupe un cercle de papier. Taille-le ensuite d'une seule pièce, en commençant au bord extérieur et en progressant sans cesse vers le centre, de sorte que la coupe forme une spirale.

   Coupe un carré de papier. Taille-le en suivant le bord extérieur, puis en progressant vers le centre, tel qu'illustré.

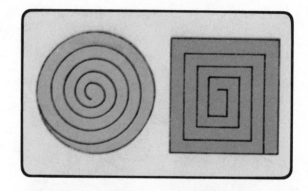

2. Coupe un carré de papier et plie-le en deux parties égales. Taille le papier à partir du côté du pli, selon le motif illustré ci-contre. Une fois que tu as terminé, déplie-le soigneusement. Prends-le au centre et soulève-le délicatement.

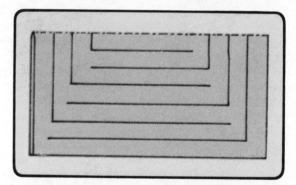

3. Coupe un carré de papier et plie-le en diagonale afin de former un triangle. Plie-le une nouvelle fois en deux et taille-le tel qu'illustré, en partant des côtés pliés. Prends-le au centre et soulève-le délicatement.

4. Pour fabriquer un mobile, coupe des formes différentes dans du papier de couleur. Perce-les d'un petit trou en plein centre Suspends-les à un cintre au moyen de bouts de ficelle ou de corde de longueur différente.

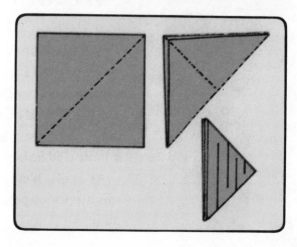

Encore des jeux de lit

Puisqu'ils sont malades, Riri, Fifi et Loulou savent bien
qu'ils ne peuvent pas aller jouer dehors. Mais comme les
jours passent, il devient de plus en plus difficile pour
Grand-Mère d'occuper les trois enfants. «Si jamais ils sont
malades une semaine de plus», pense-t-elle, «je vais être
à bout d'idées!»

Mais elle n'est pas encore battue. Pour le prouver, elle a
mis au point, pour ses petits malades, quelques jeux à faire
au lit.

Jeu de billes

Sur les couvertures, au pied du lit, trace un cercle de 30 cm de diamètre à l'aide d'un bout de corde, de ficelle ou d'un lacet. Place cinq ou six billes dans le cercle. En lançant une bille à la fois, tu dois chasser les billes du cercle. Compte le nombre de coups qu'il te faut pour réussir.

Pour lancer avec efficacité, procède de la façon suivante: place la paume de la main en l'air et replie l'index. Place une bille sur l'index, en l'appuyant en même temps sur l'ongle du pouce. Redresse le pouce d'un coup pour lancer la bille.

La guerre des boutons

Place un moule à muffins au bout du lit. En restant assis contre la tête de lit, essaie de lancer des boutons dans le moule. Éloigne le moule au fur et à mesure que ton habileté augmente.

Tu peux aussi compter les points, en donnant une valeur à chacune des sections du moule, de 1 à 6.

Le lancer des anneaux

Place un tabouret à l'envers, à côté du lit. Taille des anneaux en plastique dans des couvercles ou utilise des anneaux en caoutchouc. Essaie de lancer un maximum d'anneaux autour des pieds du tabouret.

Poèmes

Pique et Taque

Pique et Taque grimpent avec leur seau
Tout là-haut pour chercher de l'eau.
Pique tombe et s'ouvre le front.
Taque aussi s'étend de tout son long.

Pique se lève et court tant qu'il peut,
Saute, gambade et fait cent jeux.
Il met, une fois à la maison
Vinaigre et papier sur son front.

Grand-Mère

Grand-Mère, Grand-Mère est au lit
Et le médecin lui a dit:
«Ce n'est pas une maladie
Qui vous gardera au lit.»

La rougeole

«Maman, je me sens bien malade.
Il me faudrait voir le docteur.»
On fait venir l'homme et sa garde
Accompagnés d'une bonne soeur.
«C'est la rougeole», prétend la garde.
«C'est la rougeole», fait le docteur.
Et pour finir, à la malade,
«C'est la rougeole», dit la bonne soeur.

Le petit monde imaginaire

Quand j'étais malade et au lit,
Deux oreillers m'avaient assis.
Je passais ainsi tout le jour
Avec mes jouets tout autour.

Longtemps, parfois, je m'amusai,
Regardant mes soldats marcher,
Roulant tambour, allant au pas
Du genou gauche au genou droit.

J'envoyais toute mon Armada
Au creux des vagues de mes draps;
Je construisais de grandes villes,
En plantant des maisons en file.

Je me voyais en bon géant,
De mes oreillers, dominant;
Je dirigeais, non sans m'en faire,
Mon petit monde imaginaire.

Le temps des cadeaux

Grand-Mère est occupée à préparer le cadeau d'anniversaire d'Oncle Picsou. Elle lui a tricoté une bourse de laine. C'est à ce moment que Loulou arrive.

«Oh!», fait-il. «Voilà qui ferait un sac parfait pour ranger nos billes.»

«Jamais de la vie!», dit Grand-Mère. «C'est le cadeau d'Oncle Picsou. D'ailleurs, vous devriez vous aussi préparer quelque chose à l'occasion de son anniversaire. Puis, ce sera très bientôt l'anniversaire de votre Oncle Donald. Comme vous ne savez pas quoi faire pour occuper vos journées, profitez-en donc pour préparer quelques cadeaux.»

«C'est une bonne idée», dit Loulou en courant rejoindre Riri et Fifi.

Il revient au bout d'une minute et demande: «Mais quel genre de cadeau allons-nous faire?»

«Ah!», répond Grand-Mère. «Tu sais bien que les idées, ça ne manque jamais.»

Voici quelques-uns des cadeaux que les trois enfants ont préparés pour Oncle Donald et Oncle Picsou.

Les signets peuvent prendre toutes sortes de formes.
Ils servent à indiquer la page où l'on arrête sa
lecture.

Nécessaire:

Du carton	De la ficelle
Des autocollants	Des ciseaux
Des crayons feutre	De la colle

1. Coupe un morceau de carton de 5 cm de
   largeur et de 15 cm de longueur. Pratique une
   entaille de 2 cm de longueur dans la partie
   supérieure. (C'est cette languette qui servira à
   marquer la page.) Fais un dessin ou décore le
   signet à l'aide d'autocollants.

2. Il y a plusieurs animaux qui ont de longues
   queues: les souris, les chats, les chimpanzés,
   etc. Choisis-en un. Dessine le corps de
   l'animal sur du carton et découpe-le. Sers-toi
   d'un morceau de ficelle pour faire la queue.
   Colle-la en place. Dessine les yeux, le museau
   et les oreilles ou découpe-les dans des restes
   de carton.

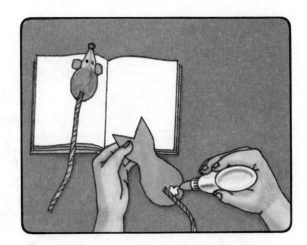

Les sacs personnalisés feront plaisir à tous ceux qui ne mangent pas à la maison le midi ou le soir.

Nécessaire:

6 sacs en papier
Un crayon
Des crayons feutre ou de la peinture

1. Décore chacun des sacs d'un motif original. Dessine d'abord les contours de l'image au crayon afin de pouvoir effacer au besoin. Laisse un peu d'espace au bas du sac pour marquer le nom de la personne à qui tu le destines.

2. À l'aide d'un crayon feutre, marque soigneusement le nom de la personne sur le sac.

3. Colorie ton dessin.

Lorsqu'on attire les oiseaux, il devient possible de les observer de près. Voici une mangeoire facile à fabriquer, qui fera plaisir à coup sûr.

Nécessaire:

Une boîte de conserve vide
2 assiettes en aluminium
2 bobines vides
De la corde
Un marteau

Un ouvre-boîtes et
    un décapsuleur
Un clou
Des graines

Jiminy dit: «Demande l'aide d'un adulte pour percer les trous à l'aide du marteau et du clou.»

1. Enlève le dessus de la boîte de conserve. Entaille la boîte à la base, à l'aide d'un décapsuleur à pointe. C'est par ces petites ouvertures que les oiseaux prendront les graines.

2. Avec le clou, perce un petit trou au centre de chacune des assiettes en aluminium, de même qu'au fond de la boîte de conserve.

3. Prépare un cordon avec plusieurs longueurs de corde. Noue-les ensemble, puis entortille-les. Enfile les pièces de la mangeoire sur le cordon. Place d'abord une bobine, qui ira s'appuyer contre le noeud. Mets ensuite une assiette (à l'endroit), la boîte de conserve puis l'autre assiette (à l'envers), avant de terminer par la seconde bobine.

4. Pour remplir la mangeoire de graines, soulève l'assiette supérieure. Il ne te reste plus qu'à pendre la mangeoire à la branche d'un arbre et à observer les oiseaux qui viendront y manger.

Les réussites aux cartes

Donald téléphone souvent chez Grand-Mère pour prendre des nouvelles de ses neveux.

«Ils prennent chaque jour du mieux», explique Grand-Mère.

«Cela ne m'étonne pas», dit Donald. «Avec une infirmière comme vous!»

«Oh! Tu sais, les enfants préfèrent sûrement la compagnie de leurs amis à la mienne», dit Grand-Mère.

«Pas du tout», proteste Donald. «Vous êtes la reine des infirmières!»

Il n'en faut pas plus pour donner une autre bonne idée à Grand-Mère.

«C'est bien vrai. Pourquoi n'y ai-je pas pensé plus tôt?», dit-elle en raccrochant le combiné du téléphone. Donald est tout surpris, à l'autre bout du fil, et n'y comprend rien.

En fait, Grand-Mère songe à ce que les enfants pourraient faire avec un jeu de cartes pour passer le temps. Essaie, toi aussi, de faire les réussites qu'elle propose.

Une question de concentration

Retire les deux jokers d'un jeu de 52 cartes. (Tu peux simplifier le jeu en n'utilisant que 26 cartes. Retire les cartes de carreau et de trèfle et ne garde que les coeurs et les piques.) Mélange les cartes. Place-les en quatre rangées de longueur égale. Choisis une première carte et retourne-la. Choisis ensuite une seconde carte. Si les deux font la paire, retire-les du jeu. Sinon, remets-les en place. Continue ainsi de suite jusqu'à ce que tu aies retiré toutes les paires du jeu. Plus tu auras de mémoire, plus cette réussite te sera facile.

Les treize paquets

Mélange les 52 cartes d'un jeu. Fais ensuite des paquets de 4 cartes (pour un total de treize), que tu places face contre table. Retourne la carte qui est sur le dessus de chacun des paquets. Retire alors du jeu toutes les cartes qui font la paire. Remplace-les en retournant les cartes suivantes. Continue ainsi jusqu'à ce que tu aies épuisé toutes les cartes du jeu.

Construire avec du neuf

Riri, Fifi et Loulou aiment bien jouer avec leur jeu de construction. Mais après quelques jours de maladie, ils sont un peu à court d'idées.

«J'ai l'impression que nous avons construit tout ce qui peut être construit», dit Fifi.

«Je crois que tu dis vrai», ajoute Loulou.

Grand-Mère, elle, ne s'avoue pas vaincue si vite. Elle fait le tour de la maison en remplissant un grand sac de toutes sortes d'objets, puis vient retrouver les enfants.

Elle ramène vraiment des trésors! Riri, Fifi et Loulou s'amusent bien. C'est comme s'ils avaient eu un tout nouveau jeu de construction.

Loulou a construit un bac avec un carton à oeufs, quelques pinces à linge et une boîte en carton.

32

Riri s'est amusé à construire un château de cartes. Il a réussi, une fois, à se rendre au sommet sans faire tomber les cartes.

Fifi aime les animaux. Il en a fabriqué plusieurs à l'aide de tubes et de verres en carton. Les animaux de son zoo ont des yeux faits de boutons et des bobines vides en guise d'oreilles.

Avec un peu d'imagination, tu pourras, toi aussi, en faire autant.

Les paysages miniatures

Grand-Mère revient toute heureuse du village voisin. Elle a les bras chargés de paquets. Une fois chez le marchand de chaussures, elle a appris qu'on offrait une paire gratuite à tout client qui achetait deux autres paires. Il n'en fallait pas plus pour la décider.

Ce qui lui fait bien plaisir aussi, c'est de penser à tout ce que Riri, Fifi et Loulou pourront faire avec trois boîtes à chaussures vides!

Et les enfants n'ont pas manqué d'imagination.

Nécessaire:

Une boîte à chaussures   Des crayons feutre
De vieux magazines   Des ciseaux
Du carton   De la colle

1. Découpe, dans un magazine, une illustration représentant un paysage, une ville, une forêt, une jungle, etc. Tu peux aussi coller plusieurs photos pour créer ta propre toile de fond.

2. Colle l'illustration au fond de la boîte à chaussures. Tourne la boîte sur le côté pour que l'image te fasse face.

3. Sur le côté de la boîte qui se trouve maintenant à plat, dessine de l'herbe, un chemin ou un trottoir, selon le sujet choisi. Tu peux aussi découper les motifs dans du carton et les coller en place.

4. Dessine des arbres, des animaux, des buissons, des bornes-fontaines ou toute autre chose qui va dans le paysage que tu as choisi. Colorie tes dessins et colle-les en place.

5. Pour faire tenir tes personnages, taille une languette de carton de 10 cm de longueur. Colle les deux extrémités ensemble de façon à obtenir un anneau. Colle ton personnage à l'extérieur de l'anneau. Tu pourras ainsi le déplacer à volonté.

6. Pour agrandir la scène, prolonge la base de ton dessin en ajoutant un morceau de carton en avant de la boîte. Continue le tracé des routes, des chemins et des trottoirs. Si tu as choisi une scène intérieure, reproduis des meubles et des bibelots en plus de tes personnages.

Les jouets maison

Grand-Mère raconte souvent aux enfants que dans son temps, on n'avait pas de jouets comme ceux d'aujourd'hui. «Il n'y avait pas de poupées qui parlent, pas d'autos qui avancent toutes seules, pas d'avions qui volent pour de bon», explique-t-elle.

Curieux, Riri, Fifi et Loulou ont voulu essayer les jouets de Grand-Mère. Elle a bien raison! C'est fou ce que les enfants devaient s'amuser, en ce temps-là...

Certains savons flottent. Ce sont ceux-là que Grand-Mère utilise pour fabriquer des bateaux à voile. Il suffit de planter un bâtonnet dans un savon et d'ajouter une voile faite d'un morceau de papier carré ou triangulaire. Une fois la voile joliment décorée, il ne te reste qu'à souffler.

Grand-Mère sait aussi fabriquer des petites marionnettes de papier. Dessine un de tes personnages préférés sur un morceau de carton, ou sur du papier que tu colleras ensuite sur du carton. Le dessin doit avoir 15 cm de hauteur et 8 cm de largeur. À la place des jambes, trace deux cercles et découpe-les. Ils doivent être suffisamment grands pour que tu puisses y enfiler les doigts. C'est l'index et le majeur qui serviront de jambe à la marionnette.

Grand-Mère sait même fabriquer une locomotive. Ce n'est pas compliqué du tout.

Nécessaire:

Une boîte longue et étroite, sans couvercle	2 crayons
	3 bobines vides
Des crayons feutre de couleur	

1. Avec la pointe d'un crayon, perce les côtés de la boîte, près de l'ouverture, afin de pouvoir enfiler les crayons qui serviront d'essieux.

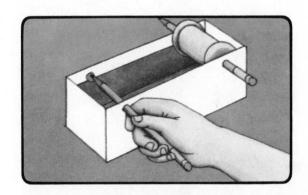

2. Pour monter les essieux et les roues, enfile d'abord un crayon dans l'un des trous. Insère ensuite une bobine puis passe le crayon dans le trou opposé. Fais la même chose pour le second essieu.

3. Retourne la boîte. Colle la troisième bobine sur le dessous, en guise de cheminée.

4. Complète la locomotive en dessinant les roues et les pistons, la cabine, la chaudière, la cloche et le chasse-bestiaux.

En avant la musique!

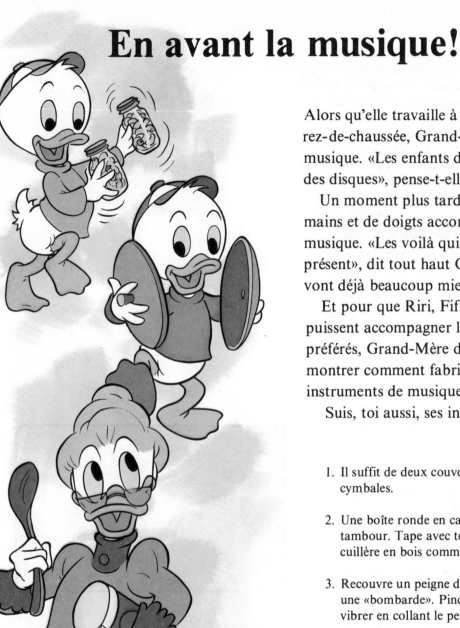

Alors qu'elle travaille à la cuisine, au rez-de-chaussée, Grand-Mère entend de la musique. «Les enfants doivent écouter des disques», pense-t-elle.

Un moment plus tard, claquements de mains et de doigts accompagnent la musique. «Les voilà qui dansent, à présent», dit tout haut Grand-Mère. «Ils vont déjà beaucoup mieux.»

Et pour que Riri, Fifi et Loulou puissent accompagner leurs chanteurs préférés, Grand-Mère décide de leur montrer comment fabriquer des instruments de musique.

Suis, toi aussi, ses instructions.

1. Il suffit de deux couvercles pour faire des cymbales.

2. Une boîte ronde en carton fait un bon tambour. Tape avec tes mains ou utilise une cuillère en bois comme baguette.

3. Recouvre un peigne de papier ciré pour faire une «bombarde». Pince les lèvres et fais-les vibrer en collant le peigne sur ta bouche.

4. Choisis deux pots identiques, avec leurs couvercles. Remplis-les de pâtes sèches, de petits cailloux, de boutons, etc. Tu auras ainsi deux «maracas».

Voici d'autres instruments que Grand-Mère a confectionnés pour les neveux.

La flûte

Nécessaire:

Un tube en carton   Un gros élastique
Du papier ciré   Un crayon

Jiminy te rappelle que tu dois demander l'aide d'un adulte lorsque tu veux percer des trous.

1. Utilise un crayon pour faire quatre ou cinq trous, en ligne droite, dans le tube en carton.

2. Bouche l'une des extrémités du tube à l'aide de papier ciré. Fixe le papier ciré au moyen de l'élastique.

3. Pour jouer de la flûte, souffle dans l'extrémité ouverte du tube, en bouchant un ou plusieurs trous.

Le carillon

Nécessaire:

4 ou 5 clous de différentes   De la ficelle
   longueurs   Une cuillère en métal
Un bâton de 30 cm

1. Attache un bout de ficelle à la tête de chacun des clous.

2. Attache l'autre extrémité des bouts de ficelle au bâton.

3. Lorsque tu frappes les clous avec la cuillère, tu obtiens des sons différents: ils varient selon la longueur et la grosseur des clous.

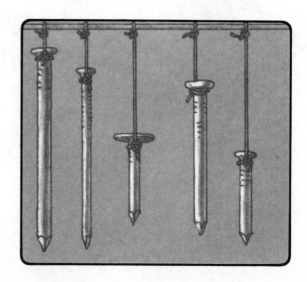

Le jeu des conteurs

Riri, Fifi et Loulou parlent parfois si fort que Grand-Mère les entend à l'autre bout de la maison.

«Vous souvenez-vous du jour où Oncle Donald nous a emmenés au parc d'attractions?», demande Loulou. «Nous avons fait une promenade à cheval.»

«Je m'en souviens bien», répond Riri. »Mais ce n'était pas Oncle Donald. C'est Oncle Picsou qui nous avait emmenés au zoo.»

«Je m'en souviens aussi», ajoute Fifi. «Nous avons fait une promenade à dos de chameau, et non à cheval.»

Cela fait bien rire Grand-Mère... et lui donne une bonne idée. Elle prépare un nouveau jeu qui ne manquera pas de plaire aux neveux, puisqu'ils aiment tant raconter des histoires!

Nécessaire:

Des illustrations découpées dans de vieux magazines
Un crayon
Des cartes de carton
Des crayons de couleur
De la colle

1. Dessine, sur une première carte, un sujet de ton choix. Identifie ton dessin en marquant le nom en dessous de l'image — le mot *chien*, par exemple. Sur une deuxième carte, illustre l'une des actions que le sujet peut faire — *manger un os*. Sur une troisième carte, dessine un lieu où l'action peut se dérouler — la *niche*. Dans l'exemple, les trois cartes donnent le thème suivant: *un chien mange un os dans sa niche*.

2. Écris, au dos des cartes, le chiffre 1 pour la carte *sujet*, le 2 pour la carte *action*, et le 3 pour la carte *lieu*.

3. Complète le jeu de cartes en préparant plusieurs autres séries de trois cartes. Le choix des thèmes est vaste: un policier qui passe en motocyclette sur un pont, une sorcière qui voyage sur son balai magique, un lapin qui court dans un champ, un marin qui vogue sur un grand voilier, et ainsi de suite.

4. Regroupe les cartes en trois paquets, en plaçant toutes celles qui portent le numéro 1 ensemble, puis celles qui ont les numéros 2, et les numéros 3. Mélange bien les cartes de chaque paquet.

5. Le jeu consiste à piger une carte dans chacun des paquets. Chaque joueur doit raconter une courte histoire à partir des cartes qu'il a en main. Le hasard peut t'obliger à raconter, par exemple, l'histoire d'un lapin qui voyage sur un balai magique dans un garage! Il ne te reste plus qu'à faire preuve d'imagination.

Et quand on est presque guéri

Riri, Fifi et Loulou se sentent beaucoup mieux. Grand-Mère s'en est bien rendu compte, puisqu'ils ont repris leurs bonnes habitudes, dont celle de se chamailler. «Ça ne trompe pas», dit-elle à Donald au téléphone.

C'est pourquoi elle leur permet de quitter le lit. Et pour les aider à retrouver leur bonne forme, elle leur propose quelques exercices. Essaie de les faire, toi aussi.

Place une grosse corde sur le plancher de ta chambre, loin des meubles et du lit. Imagine que tu es funambule et que tu vas marcher sur la corde raide, à plusieurs mètres du sol. Fais attention de ne pas perdre l'équilibre!

Place un livre en équilibre sur ta tête. Essaie de traverser la pièce sans le faire tomber. (Tu n'as pas le droit de te servir de tes mains.)

Comme elle n'est jamais à court de
bonnes idées, Grand-Mère a encore
un autre jeu pour les neveux.

Nécessaire:

Un grand couvercle   2 petites billes
Du carton   Du papier d'aluminium

1. Taille deux cercles de 8 cm de diamètre dans
   le papier d'aluminium.

2. Pour fabriquer les deux *oiseaux*, procède
   comme suit. Place une bille au centre de
   chaque cercle de papier d'aluminium.
   Ramène la moitié du papier sur la bille, en le
   froissant. Plie ensuite une partie des côtés,
   puis aplatis le tout. Tu as ainsi formé une
   cavité dans laquelle la bille peut rouler
   librement.

3. Coupe deux pièces de carton de 20 cm de
   longueur. Elles doivent avoir une hauteur qui
   dépasse celle du couvercle de 3 cm au moins.
   À 5 cm de chacune des extrémités, fais une
   entaille suffisamment grande pour y insérer le
   côté du couvercle.

4. Taille ensuite une *porte* (3 cm de hauteur par
   5 cm de largeur) dans chacun des cartons.
   Mets les cartons en place, tel qu'illustré.

Règles du jeu:

1. Place les *oiseaux* au centre du jeu.

2. En faisant bouger le jeu, tente de faire passer
   chacun des oiseaux dans l'une des *portes*.
   Chronomètre-toi.

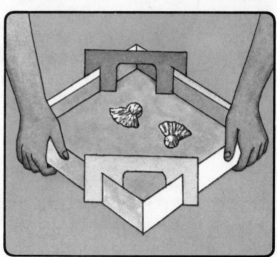

Jiminy dit: «Demande
l'aide d'un adulte
lorsque tu te sers des
ciseaux.»